चलो पैसा बनाते हैं

धन एवं सफलता प्राप्ति के लिए कुर्ती रिटेलर्स की व्यवहारिक गाइड

चलो पैसा बनाते हैं

धन एवं सफलता प्राप्ति के लिए
कुर्ती रिटेलर्स की व्यवहारिक गाइड

विकास एन बानूड़ा

Worldwide Published by
Pendown Press

PENDOWN PRESS LLP
An ISO 9001 & ISO 14001 Certified Co.,
Regd. Office: 3767A, Kanhaiya Nagar,
Tri Nagar, Delhi-110035
Ph.: 8180886000, 9650072927, 8595249536
E-mail: info@pendownpress.com
Branch Office: 1A/2A, 20, Hari Sadan, Ansari Road,
Daryaganj, New Delhi-110002
Ph.: 011-45794768
Website: PendownPress.com

First Edition: 2023

ISBN: 978-93-5554-655-5

Layout and Cover Designed by Pendown Graphics Team
Printed and Bound in India by Thomson Press India Ltd.

धन्यवाद

मेरे पिता को, जिनकी शिक्षा ने मेरे आधार
को आकार दिया है, मुझे सफलता की ओर
प्रेरित किया।

मेरे खुदरा रिटेलर्स को, आपका जुनून और
जोश मुझे नई ऊँचाइयों तक पहुँचाने में
प्रेरित करता है।

मेरे मेंटर, अक्षर यादव, इस यात्रा पर
आपके मार्गदर्शन और समर्थन के बिना कुछ
भी संभव नहीं था।

मैं आपके द्वारा दी गयी सीख, प्रेरणा और
संभावनाओं में अटूट विश्वास के लिए
आभारी हूँ।

यह किताब मेरे जीवन और सफलता पर
आप सभी के प्रभाव की प्रशंसा है।

हृदय से आभारी,

−विकास एन बानूड़ा

विषय-सूची

प्रस्तावना

'चलो पैसा बनाते हैं' की रोमांचक दुनिया में आपका हार्दिक स्वागत है। मुझे आप सभी के सामने इस संपूर्ण मार्गदर्शिका या गाइड को रखने में बहुत खुशी हो रही है। इस पुस्तक के माध्यम से, जब आप इस गाइड की अपनी आत्मसात करेंगे, उसमें दिए गए निर्देशों, टिप्स, सुझाव और महत्वपूर्ण तथ्यों का पूरी तरह से पालन करेंगे, तो आप निश्चित रूप से "फाइनेंशियल फ्रीडम कैसे प्राप्त करें", इस रहस्य को बखूबी जान पाएंगे।

वित्त कभी-कभी समझने में मुश्किल लग सकता है, लेकिन मैं पूरे यकीन से कहता हूँ, कि यह इतना कठिन नहीं है। इस किताब के माध्यम से, मेरा लक्ष्य है वित्त को सरल और सभी पाठकों के लिए समझने में आसान बनाना।

एक व्यापारी के रूप में अपने अनुभवों से प्रेरित होकर और वित्त के प्रति अपने जोश से प्रेरित होकर, मैंने महत्त्वपूर्ण रणनीतियों को ध्यान से चुना है जो आपके व्यापार को ऊँचाइयों की ओर ले जा सकती हैं। आपके व्यापार के वित्तीय स्वास्थ्य में महत्वपूर्ण बदलाव लाने के लिए, इन रणनीतियों में बजट बनाना, नकदी प्रबंधन (cash flow management), विकास की रणनीतियाँ और लागत नियंत्रण के उपाय शामिल हैं।

इस पुस्तक के माध्यम से, आपको व्यावहारिक सलाह, वास्तविक जीवन के उदाहरण और सीधे-सरल मार्गदर्शन की मदद मिलेगी, जो आपको इन रणनीतियों को सफलतापूर्वक लागू करने में सहायता करेगी। मैंने यह पुस्तक लिखी है ताकि मैं आपको विवेकपूर्वक वित्तीय निर्णय लेने और स्थायी सफलता के लिए मजबूत नींव बनाने में सशक्त कर सकूं।

प्राक्कथन

इस पुस्तक में, विकास ने व्यवसाय में क्रांति लाने और सफलता की ओर पहुंचाने के लिए महत्वपूर्ण रणनीतियों को साझा किया है। पाठकों को इस पुस्तक के माध्यम से ऐसे महत्वपूर्ण सलाह, टिप्स, सुझाव और रणनीतियां जानने को मिलेंगी जिससे वे अब फाइनेंस को पहेली नहीं, बल्कि उसमें महारत हासिल करेंगे। इससे उन्हें वित्तीय विषयों की विशेषताओं की पहचान होगी और फिर वे इन ज्ञानों का उपयोग करके अपने व्यापार को बड़ा ब्रांड बना सकेंगे।

इसमें कोई दो राय नहीं की 'फाइनेंस' पर और भी बहुत सारी किताबें लिखी जा चुकी हैं, लेकिन इस पुस्तक को जो दूसरों से अलग करता है, वह है विकास का प्लान और रणनीतियाँ जो रिटेलर और उद्यमियों की सफलता के लिए अचूक हैं। यह विकास का जुनून ही है जिसने उसे ऐसी रणनीतियों को खोजने और उन सबको एक पुस्तक के रूप में व्यापारी वर्गों के सामने पेश करने के लिए प्रेरित किया। विकास की जटिल वित्तीय अवधारणाओं को सरल बनाने और उन्हें सभी पाठकों के लिए सुलभ बनाने की उनकी प्रतिबद्धता बेहद प्रशंसनीय है। यहां प्रस्तुत रणनीतियाँ अपने उपर लागू करने योग्य हैं। इस पुस्तक में प्रस्तुत की गई रणनीतियाँ आपके बिजनेस ऑपरेशन में क्रांति ला देंगी और आपको उन ऊंचाइयों तक पहुंचा देंगी, जिसकी कल्पना आप वर्षों से करते आ रहे हैं।

मैं विकास को कई वर्षों से जानता हूँ। मैं इस क्षेत्र में इनके समर्पण और महारत को बखूबी जानता हूँ। इनके अंदर अपने ज्ञान को एक व्यापक, व्यवहारिक मार्गदर्शिका में पेश करने की जबरदस्त क्षमता है। मुझे इस बात पर विश्वास करने के पर्याप्त कारण हैं

कि प्रस्तुत पुस्तक में वर्णित रणनीतियां बेहद कारगर हैं और अगर आप इनको ठीक तरह से समझ जाएं, इनका पूरी तरह से पालन करें, इसे अपने बिजनेस में लागू करें, तो निश्चय ही यह आपकी बिजनेस को एक नई दशा और दिशा देने में सबसे कारगर हथियार साबित होगा।

चाहे आप एक अनुभवी व्यवसाय स्वामी हों, या आपने अभी तक उसमें कोई अनुभव नहीं हासिल किया हो, "चलो पैसा बनाते हैं" आपके लिए एक आवश्यक पुस्तक साबित होगी। इस पुस्तक में आपको वास्तविक रणनीतियाँ और उपायों का खजाना मिलेगा। अगर आप इसे पूरी तरह से समझने और उसे आत्मसात करने में सफल हो जाते हैं तो यह आपकी वित्तीय मानसिकता को बदल सकती है और आपके व्यापार को सफलता की ऊँचाई तक पहुँचा सकती है।

मैं विकास की वित्तीय विशेषज्ञता, प्रतिबद्धता और जुनून की सराहना करता हूँ, जो दूसरों को वित्तीय सफलता हासिल करने में और प्रेरित करने में मदद करता है। मैं बड़े ही खुशी से इस पुस्तक को आप सब बिजनेस से जुड़े बंधुओं को रेकमेंड करता हूँ। यह पुस्तक आपको प्रभावी रणनीतियों को जानने और उन्हें अपने बिजनेस में लागू करके जबरदस्त वृद्धि लाने में आश्चर्यजनक रूप से प्रभावी साबित होगी।

नवीन एन बानूड़ा

महिला फैशन खुदरा विशेषज्ञ

परिचय

"चलो पैसा बनाते हैं" की दुनिया में आपका स्वागत है। इस पुस्तक में, हम ऐसी व्यावहारिक रणनीतियों को उजागर करेंगे जो आपके बिजनेस को काफी आगे लेकर जाएगी। चाहे आप खुदरा व्यवसायी हों या किसी कंपनी के मालिक हों, यह पुस्तक आपको फाइनेंशियल फ्रीडम दिलाने के लिए आवश्यक उपाय और ज्ञान देने के लिए डिजाइन की गई है।

पूरी पुस्तक में, हम व्यापार को बढ़ाने के लिए बजट तैयार करने, धन प्रवाह को सही दिशा में प्रबंधित करने और भविष्य की योजना बनाने जैसे महत्वपूर्ण विषयों पर विस्तृत चर्चा करेंगे। हम आपके व्यापार के लाभ को बढ़ाने और लागतों को कम करने की रणनीतियों पर भी बातचीत करेंगे। आपको इन रणनीतियों को अपने व्यापार में सफलतापूर्वक लागू करने के लिए हम वास्तविक जीवन के उदाहरण और महत्वपूर्ण सलाह भी प्रदान करेंगे।

मेरा उद्देश्य फाइनेंस की जटिलता को आसान बनाना है, भले ही आपके पास पहले से इसकी जानकारी हो या न हो। मैं आपको स्मार्ट निर्णय लेने, अपने संसाधनों को अधिकतम करने और लंबे समय तक सफल बने रहने के लिए तैयार करना चाहता हूँ। एक ठोस वित्तीय आधार और सही रणनीतियों के साथ, आप चुनौतियों पर काबू पा सकते हैं, और अपने सपनों को साकार कर सकते हैं।

मैं चाहूँगा कि आप इस पुस्तक को खुले दिमाग और सीखने की इच्छा के साथ पढ़ें। प्रत्येक अध्याय पिछले अध्याय पर आधारित

है, इसलिए आप प्रत्येक अध्याय पढ़ें, तभी आपको अगली अध्याय समझ में आएगी, और आप वित्तीय सफलता के लिए एक रोडमैप बना सकते हैं।

थोड़ा समय निकालें और अपने व्यापार के बारे में सोचें, उसके वित्तीय कामकाज पर जोर दें, और किन क्षेत्रों में संभावित सुधार हो सकता है, ऐसे मुद्दों पर विचार करें। इस पुस्तक में दिए गए आइडिया को अपनाकर आप अपने व्यापार को निरंतरता से बढ़ा सकते हैं।

इस यात्रा में हमारे साथ जुड़ने के लिए शुक्रिया। मैं ये मूल्यवान जानकारियाँ आपके साथ साझा करने के लिए उत्साहित हूँ और देखना चाहता हूँ कि ये आपके व्यवसाय और व्यक्तिगत विकास पर कैसे सकारात्मक प्रभाव डालती हैं और आपको सफलता के शिखर तक ले जाती हैं। "चलो पैसा बनाते हैं!"

मेरी कहानी

नमस्कार दोस्तों! मेरा नाम विकास बानूड़ा है और फाइनेंस हमेशा से मेरा फेवरेट सब्जेक्ट रहा है। मैंने अपना कैरियर आई.सी.आई.सी. आई. बैंक में एक कार्यकारी के रूप में काम करते हुए शुरू किया, लेकिन अंदर ही अंदर, मैंने हमेशा एक उद्यमी बनने का सपना संजोया था। इसलिए, मैंने हिम्मत करके एक बड़ा निर्णय लिया और महिलाओं की पारंपरिक साड़ियाँ बेचने का अपना व्यवसाय शुरू करने के लिए अपने बड़े भाई के साथ जयपुर आ गया।

शुरुआत में चीजें अच्छी चलीं और जल्द ही हमारा बिजनेस चल गया। हालाँकि, चार से पाँच वर्षों के बाद, हमें एक कठिन समस्या का सामना करना पड़ा। हमारा काम कम होने लगा क्योंकि हमने अपने फाइनेंस को लेकर कोई उचित योजना नहीं बनाई थी। हमारे ऊपर काफी कर्ज हो गया था और आय का कोई विश्वसनीय स्रोत नहीं था। इससे हमारे पूरे परिवार पर संकट छा गया और हम सब पर इसका बड़ा बुरा प्रभाव पड़ा।

इस चुनौतीपूर्ण समय में, हमने बाजार में एक अवसर की पहचान की। महिलाओं के लिए रेडीमेड पोशाकें, विशेषकर पारंपरिक पोशाकें, बहुत लोकप्रिय नहीं थीं। बाजार के अध्ययन के बाद, हमें एहसास हुआ कि रेडीमेड कुर्तियों की बड़ी मांग थी। हमने महिलाओं के लिए स्टाइलिश और सस्ते कपड़ों के विकल्प बनाने के बारे में सोचा। बिजनेस में अपने 15 वर्षों के अनुभव और अपने बड़े भाई के सहयोग से, हमने एक नया उद्यम शुरू किया।

हालांकि, हमारे लिए नए व्यवसाय की शुरुआत करना आसान नहीं था, और हमें रास्ते में कई चुनौतियों का सामना करना पड़ा, लेकिन फाइनेंस के प्रति हमारे जुनून और बाजार की समझ ने हमारे जोश को बरकरार रखा। हमने फाइनेंस की योजना बनाने और निर्णय लेने में जल्दबाजी नही की। धीरे-धीरे, हमने चीजों को बदलना शुरू कर दिया। हमारे प्रयासों से परिणाम आने शुरू हो गए। लोगों को हमारे उत्पादों में दम नजर आने लगा, उनमें क्वालिटी दिखाई देने लगी और देखते ही देखते हमारा प्रॉडक्ट ब्रांड बन गया।

साल दर साल हमारा बिजनेस बढ़ता चला गया। हमने अपने प्रॉडक्ट्स की विविधता बढ़ाकर और वफादार व निष्ठावान ग्राहक आधार का निर्माण करके अपने क्षेत्र का विस्तार किया। हमारी बेहद प्रभावी वित्तीय प्रबंधन (Financial Management) ने हमें शुरुआती कठिनाइयों को दूर करने और अत्यधिक प्रतिस्पर्धी उद्योग में आगे बढ़ते रहने में महत्वपूर्ण भूमिका निभाई।

आज, हमारी कंपनी वित्तीय महत्त्व को समझने का एक जबरदस्त उदाहरण प्रस्तुत करती है। साथ ही, लोग दिखा रहे हैं कि कैसे वे चुनौतियों का सामना करके उनसे सफलतापूर्वक उबरने में सक्षम हैं और मेरी कंपनी का उदाहरण देते हैं। आज हम उस स्थिति में पहुँच चुके हैं जहां हमने न केवल अपने लिए वित्तीय स्थिरता हासिल की है, बल्कि दूसरों के लिए भी रोजगार के अवसर पैदा किए हैं। हमारी यात्रा ने हमें पूरी गंभीरता से अपने फाइनेंस की योजना बनाने, बाजार में बदलावों के अनुरूप अपने आपको ढालने और अवसरों का तुरंत और अधिकतम लाभ उठाने का महत्व सिखाया है।

पीछे मुड़कर देखने पर, हम उन असफलताओं और चुनौतियों के लिए आभारी हैं जिनका हमने सामना किया। उन्होंने हमें मूल्यवान सबक सिखाए और हमें सफल उद्यमियों के रूप में बाजार और

लोगों की नजरों में स्थापित किया है। मेरे मन में अभी भी फाइनेंस के प्रति गहरा प्यार है, और मैं अपने ज्ञान और विभिन्न अनुभवों का उपयोग करके, अधिक से अधिक उद्यमियों को आगे बढ़ने में मदद करना चाहता हूँ।

हमेशा याद रखें, असफलताएँ स्थिरता या ठहराव का संकेत नहीं देतीं। वास्तव में, ये विकास और सुधार के नए-नए अवसर प्रस्तुत करते हैं। फाइनेंस की सही समझ और दृढ़ निश्चय के साथ, आप किसी भी चुनौतियों से निकल सकते हैं, सफलता को प्राप्त कर सकते हैं, और अपने सपनों को हासिल कर सकते हैं।

अध्याय 1

फाइनेंस: एक परिचय

बिजनेस के सन्दर्भ में सरल शब्दों में 'फाइनेंस' को कुछ इस तरह से परिभाषित किया जा सकता है: 'व्यापार के लिए आवश्यक धन का प्रबंधन।' मूल रूप से, इसमें पैसों के आने और जाने का प्रबंधन, और उन्हें व्यापार के लिए सही तरीके से इस्तेमाल करना शामिल होता है। इसमें सिर्फ वे ही फंड शामिल नहीं होते जो किसी व्यापारी के निजी या कमर्शियल हितों के लिए हो, बल्कि वे भी जो निजी और परिवारिक जरूरतों को पूरा करने के बाद बिजनेस को एक स्तर पर बनाए रखने और उसे अगले स्तर तक ले जाने के लिए आवश्यक है।

फाइनेंस का मतलब है मनी मैनेजमेंट, इनवेस्टमेंट, और बिजनेस के संसाधन का प्रबंधन करना।

इसके साथ ही, फाइनेंस में पैसों से संबंधित निर्णय लेना, डेटा का विश्लेषण करना और पैसों को प्रभावी ढंग से बाँटने का अध्ययन भी किया जाता है।

व्यापार धारकों को अपनी वित्तीय स्थिति को समझने के लिए फाइनेंस की समझ आवश्यक होती है।

व्यवसाय की वृद्धि में फाइनेंस की भूमिका

बिजनेस से जुड़े व्यक्तियों को नौकरी पेशा लोगों की तरह कोई निश्चित मासिक आय नहीं होती। वे उसी बिजनेस से अपनी जरूरतों के हिसाब से पैसे निकालते हैं। अगर पैसों का नियमित प्रवाह नहीं होता है, या पैसे स्टॉक, उधार, या पूंजीगत संपत्तियों (capital assets) में फँसे रह जाते हैं, तो जरुरत पड़ने पर, पैसों की कमी के कारण चुनौतियाँ उत्पन्न हो सकती हैं।

कोई व्यापारी पेपर टाइगर जैसा दिख सकता है, लेकिन हकीकत उसके साफ उलट हो सकती है। उनके उपर कर्ज का एक भारी बोझ हो सकता है। उनका बैंक अकाउंट खाली हो सकता है और यहाँ तक कि किसी आपातकालीन परिस्थिति के लिए न्यूनतम आवश्यक पैसों की कमी भी हो सकती है।

Covid-19 वैश्विक महामारी ने दिखा दिया है कि कैसे कोई अप्रत्याशित परिस्थितियाँ किसी फलते-फूलते बिजनेस को घुटनों पर ला सकता है, उसे दशकों पीछे धकेल सकता है। हालाँकि, इस महामारी ने लोगों को एक महत्वपूर्ण सीख दी है- 'भविष्य में ऐसी किसी विषम स्थिति के लिए तैयार रहने और निपटने की क्षमता रखने की सीख।'

इसमें कोई संदेह नहीं कि फाइनेंस किसी भी बिजनेस का एक अत्यंत महत्वपूर्ण हिस्सा होता है, क्योंकि हमने वित्तीय प्रबंधन की कमी के कारण कई बड़ी कंपनियों को बंद होते देखा है। यह न केवल व्यावसायिक विकास और स्थिरता के लिए महत्वपूर्ण है, बल्कि निजी हित और वृद्धि के लिए भी जरूरी है।

लगातार और रुकावट रहित व्यावसायिक विकास और स्थिरता के लिए प्रभावी वित्तीय प्रबंधन का ज्ञान होना अत्यंत आवश्यक है।

इसके अलावा, व्यापारियों के लिए यह आवश्यक है कि वो एक फाइनेंसियल माइंडसेट विकसित करें, ताकि वे फाइनेंस को बेहतर से बेहतर ढंग से 'मैनेज' कर सकें, विवेकपूर्ण निर्णय ले सकें और लंबे समय तक सफलता का आनंद उठा सकें। फाइनेंसियल माइंडसेट होने से ही पैसों का बेहतर आवंटन किया जा सकता है, जोखिम को कम किया जा सकता है, या उसका बेहतर प्रबंधन हो सकता है, और पैसों से जुड़े कठिन मामलों का बेहतर समाधान निकाला जा सकता है।

मेरा मुख्य उद्देश्य व्यापारियों को एक मजबूत वित्तीय आधार प्रदान करना है और उन्हें फाइनेंसियल मैनेजमेंट के महत्व को समझाना है। मुझे विश्वास है कि जब व्यापारियों को फाइनेंस की मूल बातों की पूरी स्पष्टता हो, प्रॉफिट कमाने के तरीके पता हो, और एक फाइनेंसियल माइंडसेट विकसित करने की क्षमता हो, तो वे जल्द ही बेहतर समझ और अंतर्दृष्टि प्राप्त करेंगे जो उन्हें सही निर्णय लेने, सफल होने और सफलता के शिखर पर स्थायी रूप से बने रहने में मदद करेगी।

अध्याय 2

आवश्यकता और इच्छा: जरूरी है अंतर जानना

"यदि आप ऐसी चीजें खरीदते हैं जिनकी आपको जरूरत नहीं है, तो जल्द ही आपको अपनी जरूरत की चीजें भी बेचनी पड़ेंगी।"

–वॉरेन बफेट

आवश्यकता और इच्छा के बीच छोटा, लेकिन महत्वपूर्ण अंतर होता है।

किसी भी बिजनेस को चलाने और उसके अस्तित्व को सुरक्षित रखने के लिए 'आवश्यकताओं' की मौजूदगी स्वाभाविक होती है। ये आवश्यकताएँ इन्फ्रास्ट्रक्चर, आवश्यक संसाधनों (resources) और आवश्यक सेवाओं से संबंधित हो सकती हैं। दूसरी ओर, चाहत वह इच्छा होती है जो किसी व्यवसाय की प्राथमिक आवश्यकताओं को पूरा नहीं करती है, लेकिन उसके संचालन कार्यकुशलता, प्रतिष्ठा, प्रभाव आदि को बढ़ाने की क्षमता से संबंधित होती हैं।

इस बात को स्पष्ट करने के लिए यहाँ कुछ उदाहरण दिए गए हैं:

- किसी बिजनेस के मालिक को एक जगह से दूसरी जगह जाने के लिए चार पहिया वाहन की आवश्यकता हो सकती है,

लेकिन उसकी इच्छा बी.एम.डब्ल्यू. खरीदने की हो सकती है।

इसी तरह से किसी बिजनेस के दैनिक काम-काज के लिए एक 'स्टैंडर्ड' डेस्कटॉप या लैपटॉप की आवश्यकता हो सकती है, लेकिन उस ऑर्गनाइजेशन के सदस्यों की इच्छा हो सकती है कि वे MAC/Apple डिवाइस उपयोग करें। संक्षेप में कहें तो आवश्यकता व्यावसायिक हितों से संबंधित होती हैं और इच्छा, निजी हितों से।

- यदि आप अपने बिजनेस से होने वाली कमाई का उपयोग, अपने व्यावसायिक हितों में न कर, निजी हितों के लिए करते हैं, तो आपके बिजनेस को चलाने के लिए दैनिक रूप से आवश्यक पैसों की कमी हो सकती है, परिणामस्वरूप बिजनेस से जुड़ी आवश्यक कामों में देरी हो सकती है, आपका व्यावसायिक विकास रुक सकता है, और यहाँ तक की आपके बिजनेस को बंद करने की भी नौबत (मैं आपको डरा नही रहा हूँ, केवल संभावना व्यक्त कर रहा हूँ) आ सकती है।

- इसलिए, आवश्यक है कि आप अपनी आवश्यकताओं और इच्छाओं के बीच के अंतर को स्पष्टता से समझें।

- चाहतों या महत्वाकांक्षाओं की पूर्ति के लिए पैसे खर्च करने से पहले, अपने बिजनेस से जुड़ी आवश्यक जरूरतों को पहचानकर उसके लिए पर्याप्त वित्त संसाधन की व्यवस्था करना महत्वपूर्ण है।

- बेहतर होगा कि आप जब भी किसी चीज की जरूरत महसूस करें, तो एक पल रुकें और गौर करें कि क्या यह वास्तविक में आपकी जरूरत है, या फिर यह आपकी महत्वाकांक्षाओं से जुड़ी इच्छा है।

- अगर आपकी नजर में यह जरूरत है, तो जरूर आप इस पर खर्च करें, लेकिन यदि यह जरूरत 'इच्छा' की केटेगरी में आता है तो फिर पहले 'जरूरत' पर ध्यान दें। और जब जरूरत पूरी हो जाए, तो इच्छा के बारे में सोचें।

यहाँ मेरा मतलब यह नहीं है कि आप अपनी इच्छाएं खत्म कर दें, और सिर्फ जरूरतों पर ध्यान दें। लेकिन हाँ, प्राथमिकता दें जरूरतों को। आप अपनी इच्छाओं की पूर्ति के लिए एक 'वेल्थ प्लान' तैयार कर सकते हैं।

इच्छाओं पर तब खर्च करें जब वही आपकी जरूरत बन जायें, जैसे महँगी से महँगी गाड़ी लेना, अत्याधुनिक ऑफीस स्पेस लेना आदि या फिर तब जब आपके पास अपनी इच्छाओं की पूर्ति के लिए पर्याप्त मात्रा में पैसे आ जायें। अगले अध्यायों में आप धन संचय के लिए एक प्लान 'कैसे विकसित करें' इसके बारे में विस्तार से जानेंगे।

- जब बिजनेस से जुड़े व्यक्ति जरूरतों और इच्छाओं के बीच अंतर को जानते हैं और सोच-समझकर निर्णय लेते हैं, तो वे अपनी आवश्यक जरूरतों को प्राथमिकता देते हुए समय-समय पर अपनी इच्छाओं की पूर्ति कर सकते हैं। इसके लिए उन्हें यकीन होना चाहिए कि इन इच्छाओं की पूर्ति के लिए आवश्यक वित्त से उनके बिजनेस का विकास नहीं थमेगा और पैसों के लिए उनकी स्थिति में कोई बड़ा बदलाव नहीं आएगा।

- अपने पैसे का उपयोग संपत्ति को बढ़ाने के लिए करें, आवश्यकताएँ और इच्छाएँ दोनों महत्वपूर्ण हैं, लेकिन उससे भी महत्वपूर्ण है, 'आवश्यकता' और 'इच्छा' की पहचान।

अध्याय 3

पावर प्लानिंग

व्यावहारिक लक्ष्य स्थापित करने और उसे निश्चित रूप से प्राप्त करने के लिए SMART रणनीति की आवश्यकता होती है। SMART शब्द के प्रत्येक अक्षर में अंग्रेजी का विशेष अर्थ होता है, जैसे कि–

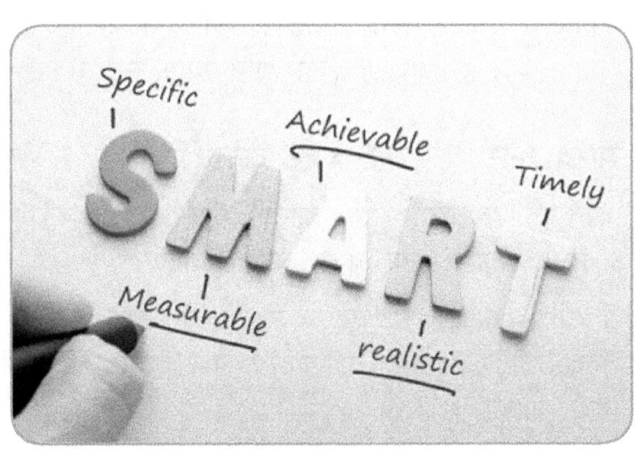

S-Specific (विशिष्ट या खास)

M-Measurable (आंकलन करने योग्य)

A-Achievable (पूरा करने योग्य)

R-Relevant (प्रासंगिक)

T-Time-Bound (समयबद्ध)

- लक्ष्य का निर्धारण करने के बाद, अगला महत्वपूर्ण कदम होता है उसे छोटे-छोटे लक्ष्य स्तंभों या 'माइलस्टोन्स' में बाँटना, जिससे लक्ष्य प्राप्ति को संभव और आसान बनाया जा सके।

  सप्लाइयर, वेंडर या किसी अन्य बिजनेस से जुड़े खर्चों का भुगतान तय आधार पर ही किया जाना चाहिए। 'यह व्यापार की विश्वसनीयता और भरोसे को बढ़ाएगा।'

- पहले से तय की गयी शर्तों के आधार पर भुगतान करके, आप अपने व्यवसाय की प्रतिष्ठा को बढ़ा सकते हैं और अपने आपूर्तिकर्ताओं (suppliers) का अपने बिजनेस पर विश्वास बनाए रख सकते हैं, जिससे आप दीर्घकालिक सफलता (long-term success) और सहयोगपूर्ण साझेदारी (mutually beneficial) को प्राप्त प्राप्त कर सकते हैं।

अपने समय और धन का बजट बनाएं

आपके व्यवसाय के लिए सही, सामग्री और सेवाओं की व्यवस्था करने के लिए आपको एक बजट बनाना चाहिए।

- किसी व्यवसाय से जुड़े व्यक्तियों के लिए अपने वित्तीय हितों की रक्षा के लिए प्रॉफिट पैदा करने को प्राथमिकता देनी चाहिए।

- दुर्भाग्य से, बिजनेस से जुड़े कई व्यक्ति अपनी वित्तीय जरूरतों को नजरअंदाज करते हुए आखिरी में खुद को भुगतान करना चाहते हैं।

- अक्सर, व्यापार संबंधी व्यक्ति सेल्स के माध्यम से नकद या धन कमाते हैं, लेकिन वे आमतौर पर प्राथमिकता के बारे में सोचे बिना पैसे/धन खर्च कर देते हैं।

- हालांकि, यह तरीका चुनौतियाँ पैदा कर सकता है क्योंकि व्यापारियों के लिए अपने वित्तीय जरूरतों को अनदेखा करना संभव होता है। व्यवसायियों को अपने व्यक्तिगत खर्चों को प्राथमिकता देना और अपने लिए मुनाफे को अलग रखने के महत्व को समझना महत्वपूर्ण है। इस प्रकार, वे अपनी वित्तीय स्थिरता को सुनिश्चित कर सकते हैं और अपने व्यक्तिगत वित्तीय लक्ष्यों को प्राप्त कर सकते हैं।

- उपर दिए गये चुनौतियों से निपटने और अपने व्यक्तिगत वित्तीय लक्ष्य को पूरा करने के लिए आप अपने सभी व्यावसायिक खर्चों की केटेगरी की लिस्ट बनाएं और उनमें से प्रत्येक केटेगरी के लिए एक मासिक बजट बनाएं। हर महीने, इन बजटों की समीक्षा करें ताकि आप खर्चों और मुनाफे का सही ढंग से आंकलन कर सकें।

- किसी भी बिजनेस का प्रमुख लक्ष्य होता है मासिक वृद्धि के द्वारा शुद्ध लाभ की प्राप्ति करना। हालाँकि, कई व्यवसायी अपने मासिक शुद्ध लाभ या नेट प्रॉफिट से अनजान होते हैं और केवल बिजनेस के 'टर्नओवर' पर ही ध्यान देते हैं। किसी बिजनेस के वित्तीय प्रदर्शन (financial performance) के बारे में जानकारी हासिल करने और उसके आधार पर सूचित निर्णय लेने के लिए, पिछले महीने के नेट प्रॉफिट की समीक्षा हर महीने के पहले सप्ताह में आवश्यक होती है।

अध्याय 4

आपका पैसा, आपकी आजादी

एक मजबूत फाइनेंशियल फाउंडेशन का निर्माण

प्रॉफिट के रूप में जो पैसा आपके पास आता है, वह सिर्फ आपका होता है, जबकि कुल 'सेल्स' का बाकी हिस्सा विभिन्न स्टेकहोल्डर्स जैसे सप्लायर्स, कर्मचारियों, टैक्स, आदि में चला जाता है।

इसलिए, हर महीने बिजनेस मालिक को अपना प्रॉफिट निकालना चाहिए।

शुद्ध लाभ = राजस्व/बिक्री + अन्य स्रोतों से आय - बेचे गए माल की लागत - परिचालन व्यय (operating expenses) - अन्य व्यय- ब्याज - मूल्यह्रास (depreciation) - कर (tax)।

उदाहरण के लिए, यदि आप एक महीने में 30 लाख की 'सेल्स' करते हैं और आपका नेट प्रॉफिट 15% है, तो आपका वास्तविक नेट प्रॉफिट 4.5 लाख होगा। यह आपका वास्तविक पैसा है, हालांकि, बहुत सारे व्यवसायी सही जानकारी और मार्गदर्शन के अभाव में नेट प्रॉफिट की बजाय 'सेल्स' को ही प्रॉफिट मान लेते हैं। उस पैसे का गैर जरूरी खर्चों में उपयोग कर देते हैं। ऐसा गलत हिसाब आगे चलकर उनके लिए गंभीर नकदी संकट पैदा कर सकता है।

वास्तव में, व्यवसाय मालिकों को भविष्य की जरूरतों को पूरा करने के लिए अपने शुद्ध लाभ की योजना कुशल तरीके से बनानी चाहिए।

आइए, हम जानें कि एक महत्वपूर्ण रणनीति कैसे तैयार की जा सकती है जो हर व्यवसाय के लिए सटीक और सही साबित होती है। मैं इसे 'पैसा अच्छी तरह रखें रणनीति' कहता हूँ।

उपरोक्त उदाहरण में, आपके व्यवसाय से 4.5 लाख शुद्ध लाभ निकाला जाना चाहिए और इसे विभिन्न बैंक खातों में डालना चाहिए।

बैंक में 6 बैंक खाते खोलें, और उन्हें अपनी सुविधा के अनुसार नामकरण करें:

- डेली मंथली एक्सपेंस अकाउंट
- इन्वेस्टमेंट अकाउंट
- ट्रैवल अकाउंट
- सेल्फ-एजुकेशन अकाउंट
- सेविंग्स अकाउंट
- डोनेशन अकाउंट

हर महीने के पहले सप्ताह में, इस राशि को छह अलग-अलग अकाउंट्स में रखें, जहां प्रत्येक का एक विशेष उद्देश्य होता है।

छह अलग-अलग खाते होना बहुत अटपटा लगता है, लेकिन मैं आपसे वादा करता हूं कि हर एक के पीछे कोई न कोई कारण है।

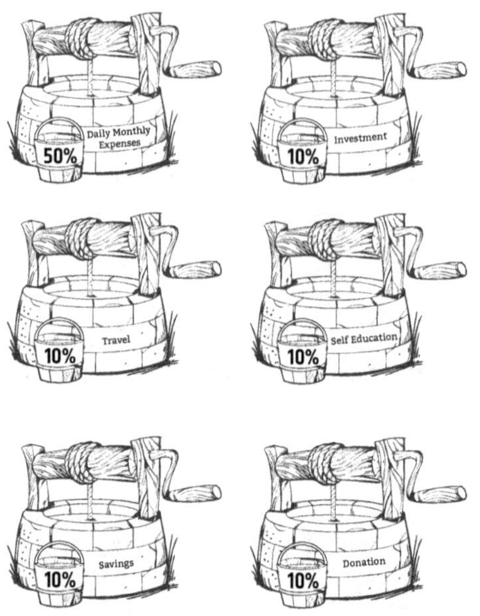

डेली मंथली एक्सपेंस अकाउंट

- अपने बजट के अनुसार दैनिक और मासिक खर्चों को पूरा करने के लिए अपने लाभ का 50% इस अकाउंट में रखें।

इन्वेस्टमेंट अकाउंट

- अपने प्रॉफिट का 10% इस अकाउंट में रखें, क्योंकि यह आपके पैसे को बढ़ाने के लिए आवश्यक है।

ट्रैवेल एंड लीजर अकाउंट

- यात्रा के लिए अपने प्रॉफिट का 10% इस अकाउंट में रखें, क्योंकि अपने परिवार और दोस्तों के साथ समय बिताने और खुद को तरो-ताजा रखने के लिए घूमना फिरना और मनोरंजन भी उतना ही महत्वपूर्ण है।

सेल्फ-एजुकेशन अकाउंट

- अपने प्रॉफिट का 10% इस अकाउंट में रखें, क्योंकि सीखने की कोई उमर नही होती, इसका कोई एक्सपाइरी डेट नही होता।

सेविंग्स अकाउंट

- अपने लाभ का 10% बचत इस अकाउंट में रखें, क्योंकि किसी भी 'इमरजेंसी' या चुनौतीपूर्ण स्थिति से निपटने के लिए आपके पास एक निश्चित राशि का होना अनिवार्य है।

डोनेशन अकाउंट

- अपने लाभ का 10% इस अकाउंट में रखें, क्योंकि आपने समाज से इतने वर्षों तक लिया है, अब इसको वापिस करने का समय आ गया है। याद रखें, जितना अधिक आप देंगे, उतना अधिक आपको मिलेगा।

- मेरा विश्वास करें, मैं अपने व्यक्तिगत अनुभव के आधार पर आपको बता रहा हूँ, ऊपर दिया गया रोडमैप आपको आर्थिक रूप से समृद्ध बनाने के लिए एक मार्गदर्शक के रूप में कार्य करेगा।

- कुछ नया शुरू करें और उसे अपनी आदत बनाने के लिए आप किसी भी अमाउंट से शुरू कर सकते हैं, और इसके लिए एक निश्चित समय निर्धारित कर सकते हैं, जैसे कि हर महीने का पहला सप्ताह।

अध्याय 5

वित्तीय सफलता प्राप्त करना

एक बिजनेस को कम से कम 3-4 महीने और आदर्श रूप से 9-12 महीने का कैश रिजर्व बनाए रखना चाहिए।

इस कैश रिजर्व का उद्देश्य है कि यदि बिजनेस से कोई आय नहीं होती है, तो भी खर्चों को पूरा किया जा सके। इस रिजर्व से बिजनेस से संबंधित दैनिक खर्चों को पूरा किया जा सकता है। यह कैश रिजर्व एक सुरक्षा जाल के रूप में कार्य करता है जिससे रेवेन्यू पर निर्भर हुए बिना ही आवश्यक खर्चों को पूरा किया जा सकता है।

- शुद्ध लाभ का 20% ही घर, जमीन, आदि जैसी अचल संपत्ति (fixed asset) पर खर्च करना चाहिए।

- उदाहरण के लिए, यदि एक वर्ष में आपका शुद्ध लाभ ₹50 लाख है, और आप एक कार खरीदना चाहते हैं, तो आपके कार की कीमत ₹10 लाख (₹50 लाख रुपये का 20%) से अधिक नहीं होनी चाहिए।

- इस नीति के अनुसार, एक व्यापारी यह सुनिश्चित करता है कि उसके लाभ का एक बड़ा हिस्सा अन्य महत्वपूर्ण जरूरतों, जैसे पुनर्निवेश (reinvestment), विस्तार (expansion), या अप्रत्याशित खर्चों (emergency expenses) के लिए 'रिजर्व' है।

- जितना संभव हो नकद ऋण सुविधाओं (Cash Credit Facilities) या ऋण (loan) से बचें।

- सी.सी. (Cash Credit) लिमिट के साथ समस्या यह है कि यह कभी खत्म नहीं होता है, जिसका मतलब है कि आप पर कर्ज हमेशा रहेगा।

- यदि आपने पहले से ही सी.सी. लिमिट ले रखा है, तो कैश रिजर्व रखने से पहले आपको इसे खत्म करना चाहिए।

- यदि आपको लोन की आवश्यकता है, तो एक टर्म लोन या ड्रॉप लाइन ओवरड्राफ्ट (ओ.डी.) जैसी एक निश्चित समय सीमा वाली वित्तीय सुविधा होनी चाहिए।

- आपके कारोबार के लिए कार्यशील पूंजी ऋण (working capital loan) आपके टर्नओवर का 20% से अधिक नहीं होना चाहिए।

जोखिमों से बचने के बजाय उन्हें नियंत्रित करने पर ध्यान दें।

बीमा, जोखिम प्रबंधन (Risk Management) और वित्तीय नियोजन (Financial Planning) का एक महत्वपूर्ण हिस्सा है, क्योंकि यह सुरक्षा के साथ-साथ और वित्तीय सुविधाएं (Financial Facilities) भी प्रदान करता है।

आपकी व्यावसायिक संपत्तियों की सुरक्षा के लिए स्टॉक और भवन बीमा आवश्यक होती है।

स्टॉक बीमा का सबसे महत्वपूर्ण काम होता है - पूर्ण कवरेज सुनिश्चित करना।

- **उदाहरणः** यदि किसी वर्ष में किसी दिन उच्चतम इन्वेंट्री मूल्य (highest inventory value) ₹1 करोड़ तक पहुंच जाता है, तो स्टॉक बीमा की राशि ₹1 करोड़ की होनी चाहिए।

- भवन बीमा को हमेशा रिस्टेट्मेंट क्लॉज (Restatement Clause) के साथ प्राप्त किया जाना चाहिए।

- उदाहरण के रूप में, मान लीजिए कि आपने 5 साल पहले ₹75 लाख में एक बिल्डिंग का निर्माण किया था, और यदि वह इमारत अब ध्वस्त हो जाती है, और नई निर्माण लागत आज ₹1.25 करोड़ है। रिस्टेट्मेंट क्लॉज के साथ बीमा कराने पर, आपको आज की लागत के आधार पर मूल्य प्राप्त होगी।

उसी तरह, जीवन बीमा और स्वास्थ्य बीमा आपके परिवार की भलाई के लिए उतना ही महत्वपूर्ण है।

- यह आपको फाइनेंशियल फ्रीडम और आपातकालीन परिस्थितियों में सुरक्षा प्रदान करता है।

- यह सुनिश्चित करता है कि किसी भी अचानक परेशानी या अप्रत्याशित परिस्थिति में आपके परिवार को कोई समस्या न हो।

निष्कर्ष: वित्तीय बहुलताओं के दरवाजे की चाबी

वित्तीय बहुलताओं के दरवाजे की चाबी अब आपके साथ है, जो आपको आपकी आपातकालीन परिस्थितियों में सुरक्षा प्रदान करती है। यह आपको आराम से अप्रत्याशित खर्चों, चुनौतियों और वित्तीय संकटों का सामना करने की क्षमता प्रदान करती है। इसके आधार पर, आप जीवन के हर मोड़ पर वित्तीय निर्णय ले सकते हैं और आपके सपनों को पूरा करने के लिए संसाधनों का समय पर उपयोग कर सकते हैं।

इस पूरी पुस्तक में, हमने वित्तीय सफलता प्राप्त करने के उद्देश्य से विभिन्न रणनीतियों और अंतर्दृष्टियों को साझा किया है। हम आपकी सहायता करना चाहते हैं ताकि आप वित्तीय साक्षरता को समझ सकें और इसे अपने फायदे के लिए उपयोग कर सकें। आइए, चर्चा की गई प्रमुख सीखों और रणनीतियों पर दोबारा गौर करें:

- वित्तीय साक्षरता का महत्व समझना और अपनी संख्याओं को जानने की आवश्यकता को समझना आवश्यक है। इसके लिए, आपको वित्तीय विवरणों, प्रमुख प्रदर्शन संकेतकों (Key Performance Indicators) और नकदी प्रवाह प्रबंधन को अच्छी तरह समझना होगा। इससे आपको विवेकपूर्ण निर्णय लेने में और अपने व्यावसायिक मामलों को प्रभावी ढंग से प्रबंधित करने में सक्षमता मिलेगी।

- प्रॉफिट की प्राप्ति व व्यावसायिक सफलता के लिए बजट और योजना बनाना अत्यंत महत्वपूर्ण है। एक सटीक बजट तैयार करना, भविष्य की वित्तीय स्थिति का पहले ही अनुमान लगाना और

लागतों को नियंत्रित करना, आपके संसाधनों को प्रभावी ढंग से प्रबंधित करने और लाभप्रदता को अधिकतम करने की दिशा में महत्वपूर्ण कदम साबित होंगे।

- टेक्नोलॉजी को अपनाने और वित्तीय प्रबंधन उपकरणों (financial management system) का उपयोग संचालन को सुव्यवस्थित कर सकता है, दक्षता में सुधार कर सकता है और वित्तीय सफलता को आगे बढ़ाने के लिए मूल्यवान अंतर्दृष्टि (insights) प्रदान कर सकता है।

- भविष्य के लिए योजना में विस्तार और विविधीकरण, वित्तपोषण और निवेश रणनीतियों (Financing and Investment Strategies) और निकास योजना (Exit Planning) जैसे विभिन्न पहलू शामिल हैं। विकास के अवसरों का मूल्यांकन करके, पूंजी को विस्तार के लिए सुरक्षित करने और बाहर निकलने की रणनीति बनाकर, आप व्यवसाय को दीर्घकालिक वित्तीय विकास (Long Term Financial Growth), स्थिरता (Stability), और धन संरक्षण (Wealth Preservation) सुनिश्चितता प्रदान कर सकते हैं।

- इस पूरी पुस्तक में, मेरा लक्ष्य आपको एक्शन लेने के लिए प्रेरित करना रहा है। वित्तीय सफलता आपकी पहुंच में है, लेकिन इसे प्राप्त करने के लिए प्रतिबद्धता (Commitment), अनुशासन, और रणनीतिक निर्णय लेने की आवश्यकता होती है। इस पुस्तक में साझा की गई रणनीतियों और अंतर्दृष्टि को लागू करके, आप व्यक्तिगत रूप से और एक व्यवसायी के रूप में, खुद को सशक्त बना सकते हैं और वित्तीय स्वतंत्रता (Financial Freedom) प्राप्त कर सकते हैं।

- यहाँ पर यह जानना आवश्यक है कि वित्तीय सफलता की यात्रा प्रत्येक व्यक्ति के लिए अलग-अलग होती है, और इस यात्रा में बहुत तरह के एडजस्टमेंट की आवश्यकता हो

सकती है। नई-नई चीजों को सीखने के प्रति तत्पर रहें, सीखना जारी रखें, और वित्तीय सफलता की राह पर आगे बढ़ते हुए छोटी बड़ी सभी उपलब्धियों का जश्न मनाएं।

- अब आपका वित्तीय भविष्य तैयार है, आपके सपनों को पूरा करने का समय आ गया है। जीवन को आरामदायक और सुखी बनाने के लिए आपके पास सारे आवश्यक संसाधन हैं। समर्पण और संघर्ष के साथ, आप अपने बड़े लक्ष्यों और स्थायी वित्तीय सफलता को प्राप्त कर सकते हैं। खुद को मजबूत बनाएं, सकारात्मक कदम उठाएं और उन अनगिनत मौकों को ग्रहण करें जो आपकी प्रतीक्षा में हैं। आपकी वित्तीय सफलता आपके लिए प्रतीक्षा कर रही है!

अगला कदम

क्या आप भारतीय महिलाओं के परिधान उद्योग के व्यवसायी हैं? क्या आप वित्तीय आत्मनिर्भरता हासिल करना चाहते हैं और अपने व्यवसाय का आसानी से और सफलतापूर्वक विस्तार करना चाहते हैं? अगर हाँ, तो आप मंजिल तक पहुंच चुके हैं। अब आपको किसी ओर खोजने की जरूरत नहीं है! अपने 15 वर्षों के व्यापक अनुभव के साथ, मैंने कई व्यापारियों को आकर्षक नकदी प्रवाह प्राप्त करने और अपने लिए पर्याप्त धन उत्पन्न करने में सफलतापूर्वक सहायता की है।

वित्तीय सफलता की इस यात्रा में मेरे साथ शामिल हों और अपने व्यवसाय को बुलंदियों तक ले जायें।

- आज ही vb@mnfashions.com पर मुझसे संपर्क करें और आइए चर्चा करें कि कैसे मैं महिलाओं के लिए आकर्षक, लचकदार और सस्ते कपड़े तैयार करते हुए वित्तीय स्वतंत्रता (Financial Freedom) प्राप्त करने में आपकी सहायता कर सकता हूँ, जिससे यह सुनिश्चित हो सके कि हर महिला सुंदरता की जीती-जागती मिसाल हैं।

- अपने दैनिक व्यवसायिक कार्यों में उलझकर अपने व्यक्तिगत और व्यावसायिक वित्त को हाथ से जाने मत दें। साथ मिलकर, हम यह सुनिश्चित कर सकते हैं कि आपके पास अपने परिवार की आवश्यकताओं को पूरा करने और अपने व्यवसाय को बुलंदियों पर ले जाने के लिए पर्याप्त वित्तीय सुरक्षा है। इस दिशा में पहला कदम उठाएं और vb@mnfashions.com पर मुझसे संपर्क करें।

- आज ही अपने व्यवसाय और भविष्य में निवेश करें। आइए, भारतीय महिलाओं के परिधान उद्योग को बढ़ाते हुए, वित्तीय स्वतंत्रता (Financial Freedom) की इस यात्रा पर साथ मिलकर चलें।

'पैसे के लिए काम मत करें;
उसे आपके लिए काम करने दें।'
—रॉबर्ट कियोसाकी

NOTES:

NOTES:

NOTES: